Patrick Rosenthal

SÜSSES oder SAURES

DAS HALLOWEEN-KOCHBUCH

70 unheimlich leckere Partyrezepte

riva

INHALT

HAPPY HALLOWEEN!

Wer hätte gedacht, dass das Thema »Halloween« irgendwann einmal so einen großen Raum einnehmen würde? Ich kann mich noch gut an die Anfänge erinnern, als die ersten verkleideten Menschen durch die Nachbarschaft zogen und an den Türen klingelten. Als kleines Kind hatte ich richtig Angst davor, wenn die Nachbarn klingelten und »Süßes oder Saures« verlangten. Als Jugendlicher freute ich mich dann auf die spannenden Horrorfilme zur Halloween-Zeit und … na ja … als Erwachsener widme ich dem Thema »Halloween« einfach ein ganzes Buch. Denn zu einer richtig schauerlichen Gruselparty gehören natürlich auch die passenden Snacks und Getränke dazu. Daher habe ich im Folgenden jede Menge Anregungen für süße oder herzhafte Leckereien und die passenden Drinks zusammengestellt. Fast alle Rezepte sind kindertauglich, bei den Getränken ist auch was für die Erwachsenen dabei.

Dieses Buch hat auch deshalb so viel Spaß gemacht, weil alle Rezepte selbst für Grobmotoriker wie mich geeignet sind, denn zu Halloween darf es ruhig mal so richtig schön schräg oder ungerade sein. Also dann: viel Spaß mit den schaurigen Halloween-Rezepten!

Dein Patrick

RIP

KEEP
OUT

HERZHAFTES

MUMIEN-WÜRSTCHEN

Klarer Fall von »gut eingepackt«, also einfach zupacken und abbeißen. Tut den armen Würstchen garantiert nicht weh.

Zutaten für 6 Stück:

1 Dose Croissant-Teig

6 Wiener Würstchen

1 Scheibe Gouda

1 schwarze Olive ohne Kern

Außerdem:

1 kleiner runder Ausstecher (Ø 0,5–1 cm)

Strohhalm

1. Backofen auf 180 °C Umluft vorheizen und ein Backblech mit Backpapier auslegen.
2. Die Dose mit dem Teig öffnen, den Teig ausrollen und die Dreiecke trennen. Von der längsten Seite aus jedes Dreieck in 5 mm dicke Streifen schneiden. Die Teigstreifen nun jeweils um 1 Würstchen wickeln.
3. Würstchen auf das Blech legen und im Ofen in 10–15 Minuten goldbraun backen.
4. In der Zwischenzeit mit einem kleinen runden Ausstecher aus der Käsescheibe 12 Kreise ausstechen. Die Olive in Scheiben schneiden. Mit einem Strohhalm aus den Käsekreisen jeweils mittig ein Loch ausstechen.
5. Die Olivenscheiben in 12 Stücke schneiden und diese in die Löcher in den Käsekreisen drücken.
6. Würstchen aus dem Ofen nehmen, etwas abkühlen lassen, dann die Käseaugen auflegen.

SELLERIE-SNACKS

Natürlich kommen auch Sellerie-Freunde zu Halloween auf ihre (Roh-)Kosten.

Zutaten für 6 Stück:

3 Stangen Staudensellerie
150 g Frischkäse
2 Scheiben gekochter Schinken
12 Rosinen
½ Bund Schnittlauch

1. Staudensellerie waschen und halbieren.
2. Frischkäse in einen Spritzbeutel füllen und die Mulden der Selleriestangen damit ausspritzen.
3. Schinken in 5 mm dicke Streifen schneiden und im »Mumien-Look« auf dem Frischkäse verteilen. Die Rosinen als Augen auflegen.
4. Schnittlauch waschen, trocken schütteln, klein schneiden und als Haare in den Frischkäse drücken.

RIP

SPOOKY SPAGHETTI MIT OLIVEN-AUGEN

Nachts auf dem Friedhof erheben sich die schwarzen Würmer ... und wer genauer hinsieht, kann die grünen Augen mit den blutroten Linsen erkennen.

Zutaten für 4 Portionen:
500 g schwarze Spaghetti
1 grüne Paprikaschote
1 Bund Frühlingszwiebeln
2 Zitronen
4 EL Olivenöl
Salz
Pfeffer
250 g Mini-Mozzarellakugeln
1 Glas grüne Oliven, ohne Kern und mit roter Paprika gefüllt (ca. 340 g)

1. Spaghetti in einem Topf mit Salzwasser nach Packungsanweisung al dente kochen. Dann durch ein Sieb abseihen, mit kaltem Wasser durchspülen und abkühlen lassen.
2. In der Zwischenzeit Paprikaschote waschen, putzen und klein würfeln. Frühlingszwiebeln putzen, waschen und in feine Ringe schneiden. Die Zitronen auspressen.
3. Den Zitronensaft in einer großen Schüssel mit dem Olivenöl verquirlen und mit Salz und Pfeffer würzen. Spaghetti zum Dressing geben und gut durchmengen. Frühlingszwiebelringe und Paprikawürfel unterheben. Salat mindestens 1 Stunde durchziehen lassen.
4. Vor dem Servieren Mozzarellakugeln abtropfen lassen. Oliven abgießen und halbieren. Olivenhälften so in die Mozzarellakugeln drücken, dass die Schnittfläche nach außen zeigt.
5. Olivenaugen auf dem Spaghettisalat verteilen.

TIPP:
Einfacher geht es, wenn du vorher kleine Löcher in die Mozzarellakugeln einstichst.
Eine andere Spaghettisalat-Variante: Erbsen, gehackte Petersilie und rote Paprikawürfel zugeben.

SPINNEN-PIZZA

Wen haben wir denn da? Darf ich vorstellen: Thekla! Thekla krabbelt mit der Geschwindigkeit einer Schildkröte über den Tisch. So hast du genügend Zeit, dir ein Bein zu schnappen und es genüsslich in die Tomatensoße zu tunken.

Zutaten für 4 Portionen:

2 Packungen Pizzateig mit Soße (à 600 g)
1 schwarze Olive ohne Kern
1 Ei
50 g geriebener Parmesan

1. Backofen auf 180 °C Umluft vorheizen und ein Backblech mit Backpapier auslegen.
2. Den ersten Pizzateig halbieren und eine Hälfte zu 1 Kugel für den Kopf rollen. Aus der anderen Hälfte 6 Beine formen. Aus dem zweiten Pizzateig den Körper gestalten. Alle Körperteile auf das Backblech legen und so aneinanderdrücken, dass der Teig verbunden ist.
3. Die Olive halbieren und als Augen in den Kopf drücken.
4. Das Ei in einer Schüssel mit dem Schneebesen verquirlen. Die gesamte Spinne damit einpinseln und mit geriebenem Parmesan bestreuen. Im Ofen in 15–20 Minuten goldbraun backen.
5. Die Tomatensoße in einem Topf erwärmen und zur Pizzaspinne servieren.

MUMIEN-CAMEMBERT

Eine ganz schön verwickelte Angelegenheit. Beim Aufschneiden läuft der warme, geschmolzene Käse davon, als wäre er auf der Flucht vor bösen Dämonen. Dazu passen perfekt ein paar Cracker.

Zutaten für 2 Portionen:

1 Rolle frischer Blätterteig (275 g)
2 runde Camemberts (à 250 g)
1 Scheibe Salami
2 schwarze Oliven ohne Kern
1 Ei
1 TL Milch

1. Backofen auf 180 °C Umluft vorheizen und ein Backblech mit Backpapier auslegen.
2. Blätterteig ausrollen und Teig von der Längsseite aus in 1–2 cm dicke Streifen schneiden. Die Blätterteigstreifen im »Mumien-Look« um die Camemberts wickeln.
3. Aus der Salamischeibe 4 runde Augen schneiden und jeweils 1 Augenpaar auf die Camemberts legen.
4. Von den Oliven jeweils die Endstücke abschneiden und als Pupillen auf die Salami-Augen setzen.
5. Ei in einer Schüssel mit der Milch verquirlen und den Blätterteig damit einpinseln.
6. Camemberts auf das Blech setzen und im Backofen 20 Minuten backen.

KLEINE SPINNEN-PIZZEN

»Spider, spider, on the wall. Come on down, before you fall.« Klar, dann direkt auf die Mini-Pizzen bitte.

Zutaten für 6 Stück:
1 Rolle frischer Pizzateig (400 g)
50 g passierte Tomaten
1 TL Pizzagewürz
50 g geriebener Gouda
12 schwarze Oliven ohne Kern

Außerdem:
1 runder Ausstecher (ca. Ø 10 cm)

1. Backofen auf 180 °C Umluft vorheizen und ein Backblech mit Backpapier auslegen.
2. Pizzateig ausrollen und aus dem Teig 6 Kreise ausstechen (ca. Ø 10 cm). Teigkreise auf das Backpapier legen und jeweils mit 1 TL passierte Tomaten bestreichen und mit etwas Pizzagewürz und Gouda bestreuen.
3. Pizzen im Ofen in 12–15 Minuten goldbraun backen.
4. In der Zwischenzeit 3 Oliven horizontal teilen und jeweils eine Hälfte als Kopf auf jede frisch gebackene Pizza geben. Weitere 3 Oliven vertikal halbieren und als Körper auf den Pizzen verteilen.
5. Die restlichen Oliven vertikal halbieren und jeweils in 3–4 Streifen schneiden. Die Olivenstreifen als Beine an den Olivenkörper legen.

HACKFLEISCH-MUMIEN IM BLUTBAD

Da muss man einfach zubeißen ... äh zugreifen. Natürlich nur, um die Mumien aus dem Blutbad zu retten.

Zutaten für 12 Stück:
1 Zwiebel
500 g gemischtes Hackfleisch
1 Ei
2 EL Paniermehl
Salz
Pfeffer
1 Rolle frischer Blätterteig (275 g)
1 Knoblauchzehe
etwas Öl zum Braten
200 g passierte Tomaten
etwas Tomatenmark und Senf für die Augen

1. Zwiebel schälen und fein würfeln. In eine Schüssel geben, Hackfleisch, Ei und Paniermehl zugeben und verkneten. Mit Salz und Pfeffer würzen. Aus der Hackfleischmasse 12 Bällchen formen.
2. Backofen auf 180 °C Ober-/Unterhitze vorheizen und ein Backblech mit Backpapier auslegen.
3. Blätterteig entrollen und in 0,5–1 cm dicke Streifen schneiden. Hackbällchen mit den Blätterteigstreifen umwickeln, aber für die Augen kleine Schlitze frei lassen. Mumien auf das Blech setzen und im Backofen in 25–30 Minuten goldbraun backen.
4. In der Zwischenzeit Knoblauch schälen, fein hacken und kurz in einer Pfanne mit etwas Öl anschwitzen. Die passierten Tomaten zugeben und Soße mit Salz und Pfeffer abschmecken.
5. Den Mumien vor dem Servieren mit Tomatenmark und Senf Augen auftupfen.
6. Mumien mit der Soße servieren.

AUFGESPIESSTE FALAFEL-MUMIEN

Auch Vegetarier feiern Halloween und werden an diesem Tag gefährlicher, als man sich vorstellen kann. Die schnappen sich doch einfach aufgespießte Falafel-Mumien. Sachen gibt's!

Zutaten für 12 Bällchen (3 Spieße):

200 g getrocknete Kichererbsen
2 Knoblauchzehen
1 Zwiebel
½ Bund glatte Petersilie
½ Zitrone
½ Bund Koriander
1 Prise Salz
½ TL gemahlener Kreuzkümmel
1 TL Olivenöl
1 Rolle frischer Blätterteig (275 g)

Außerdem:

3 Holzspieße
6 Klebeaugen

1. Kichererbsen über Nacht in einer Schüssel mit reichlich Wasser einweichen. Dann durch ein Sieb abgießen und gut spülen. Die Kichererbsen mit 1½ l frischem Wasser in einen Topf geben, aufkochen und bei mittlerer Hitze 1–1½ Stunden köcheln lassen, bis sie weich sind. Durch ein Sieb abseihen und abkühlen lassen.
2. Knoblauch und Zwiebel schälen und fein hacken. Petersilie waschen, trocken schütteln und die Blätter abzupfen. Zitrone auspressen.
3. Kichererbsen, Zwiebeln, Knoblauch, Petersilie und Zitronensaft in eine Küchenmaschine geben und zu einer cremigen Masse pürieren.
4. Koriander waschen, trocken schütteln und fein hacken.Koriander, Salz und Kreuzkümmel unter die Kichererbsenmasse rühren. Die Hände anfeuchten und aus dem Teig 12 kleine Bällchen formen. Falafelbällchen kurz in einer Pfanne mit Olivenöl von allen Seiten anbraten.
5. Backofen auf 180 °C Umluft vorheizen und ein Backblech mit Backpapier auslegen.
6. Blätterteig ausrollen und in 5 mm breite Streifen schneiden. Jeweils 4 Falafelbällchen auf 1 Holzspieß stecken und mit den Blätterteigstreifen umwickeln. Falafelspieße auf das Blech legen und im Backofen in 15 Minuten goldbraun backen.
7. Die Falafelspieße mit Klebeaugen dekorieren.

TIPP:
Wenn du möchtest, kannst du auch selbst Augen gestalten – aus Käsekreisen und Olivenstücken oder aus Tomatenmark und Senf.

KEEP
OUT

SPAGHETTI MARINARA

Spaghetti sind doch immer etwas Feines. Du darfst dich nur nicht irritieren lassen, dass beim Essen alle Augen auf dich gerichtet sind.

Zutaten für 4 Portionen:

3 Zwiebeln
8 Knoblauchzehen
6 EL Olivenöl
15 EL Tomatenmark
800 g geschälte Tomaten aus der Dose
800 g gehackte Tomaten aus der Dose
2 EL getrockneter Oregano
1 EL getrockneter Thymian
1 EL getrocknetes Basilikum
Salz
Pfeffer
500 g gemischtes Hackfleisch
50 g Panko-Paniermehl
½ Bund Petersilie
1 Ei
6 Mini-Mozzarellakugeln
6 schwarze Oliven ohne Kern
500 g Spaghetti

1. Für die Soße 2 Zwiebeln schälen und in kleine Würfel schneiden. 6 Knoblauchzehen schälen und fein hacken.
2. Olivenöl in einem großen Topf erwärmen. Knoblauch und Zwiebeln darin glasig anschwitzen. Tomatenmark zugeben und 1 Minute mitbraten. Geschälte und gehackte Tomaten, Oregano, Thymian und Basilikum unterrühren.
3. Hitze reduzieren und Soße 30 Minuten köcheln lassen. Mit Salz und Pfeffer abschmecken.
4. In der Zwischenzeit Backofen auf 180 °C Umluft vorheizen und ein Backblech mit Backpapier auslegen.
5. Hackfleisch in eine Schüssel geben und mit dem Paniermehl vermengen.
6. Restliche Zwiebel und Knoblauch schälen und klein würfeln bzw. hacken. Zum Hackfleisch geben.
7. Petersilie waschen, trocken schütteln, hacken und mit dem Ei in die Schüssel geben. Alles gut vermengen und mit Salz und Pfeffer würzen. Aus dem Hackfleischteig 12 Bällchen formen, diese auf das Blech legen und ca. 15 Minuten im Ofen backen.
8. Mozzarella abtropfen lassen, halbieren und eine Hälfte auf jedes Hackbällchen setzen. Oliven halbieren und jeweils auf die Mozzarellahälften geben. Hackbällchen 2–3 Minuten im Ofen weiterbacken, bis der Käse angeschmolzen ist.
9. Spaghetti in einem Topf mit Salzwasser nach Packungsanleitung al dente kochen, durch ein Sieb abseihen, mit der Marinara-Soße vermischen und portionsweise auf Teller verteilen. Die Hackfleischbällchen obenauf setzen.

WURM-BURGER

»Da sind doch Würmer in meinem Burger, Mama!«
»Kein Problem, Schatz, es ist doch Halloween.«

Zutaten für 2 Stück:
2 Burger-Brötchen
6 Frankfurter Würstchen
5 TL BBQ-Soße

1. Backofen auf 180 °C Umluft vorheizen und ein Blech mit Backpapier auslegen.
2. Die Frankfurter Würstchen vierteln. Einen großen Topf mit Wasser füllen und einmal aufkochen lassen. Dann die Temperatur zurückdrehen und die Wurstviertel 10–15 Minuten im Wasser ziehen lassen.
3. Währenddessen die Burger-Brötchen auf das Blech legen und im Ofen in ca. 10 Minuten goldbraun aufbacken.
4. Das Würstchenwasser abgießen und die Würstchen mit der BBQ-Soße vermischen.
5. Burger-Brötchen aufschneiden und auf die unteren Hälften die BBQ-Würstchen verteilen. Die Brötchenoberseiten auflegen und die Burger sofort genießen.

MONSTER-SALATBECHER

In die Paprikaschoten darfst du so viel Salat reinpacken, wie du möchtest. Je mehr, desto besser. So hältst du die Monster bei Laune.

Zutaten für 4 Stück:

4 große Paprikaschoten
8 grüne Oliven ohne Kern
50 ml Olivenöl
3 TL Himbeeressig
Salz
Pfeffer
1 Beutel gemischter Salat
4 Cocktailtomaten
1 Stück Gurke (ca. 10 cm lang)
1 rote Spitzpaprikaschote

Außerdem:

4 Zahnstocher

1. Paprikaschoten waschen, die Deckel abschneiden und die Schoten entkernen.
2. Zahnstocher halbieren und damit jeweils 2 Oliven als Augen auf je einem Paprikadeckel feststecken.
3. Olivenöl in einer Schüssel mit dem Himbeeressig vermengen und mit Salz und Pfeffer würzen. Den gemischten Salat mit dem Dressing vermischen.
4. Cocktailtomaten waschen, halbieren und unter den Salat heben.
5. Die ausgehöhlten Paprikaschoten mit Salat füllen und die Deckel aufsetzen.
6. Die Gurke waschen, mit einem Sparschäler 4 lange Streifen abschälen und als Zunge in die Paprikaschoten setzen. (Optional kannst du auch aus einer grünen Spitzpaprika Zungen schneiden.)
7. Spitzpaprikaschote waschen und putzen, für jedes Paprika-Monster 2 Ohren ausschneiden und mit Zahnstochern befestigen.

BEFLÜGELTE TOMATENSUPPE

Da schwimmt ein Säugetier in der Suppe! Da hat die blutrünstige Fledermaus wohl etwas verwechselt ...

Zutaten für 4 Portionen:

1 Zwiebel
2 Knoblauchzehen
2 EL Olivenöl
650 g reife Tomaten
2 EL Tomatenmark
600 ml Gemüsebrühe
Salz
Pfeffer
1 TL Honig
1 TL getrockneter Oregano
4 Scheiben Toastbrot
2 Scheiben Käse
60 g Sahne

Außerdem:

1 Fledermaus-Ausstecher

1. Zwiebel und Knoblauch schälen und fein hacken. 2 EL Olivenöl in einem Topf erhitzen und Zwiebeln und Knoblauch darin 3 Minuten bei mittlerer Hitze anschwitzen.
2. Tomaten waschen, Stielansatz entfernen und Fruchtfleisch grob würfeln. Tomaten zur Zwiebelmasse geben und 10 Minuten mitdünsten. Tomatenmark einrühren und die Brühe angießen. Mit Salz, Pfeffer, Honig und Oregano würzen und alles 15 Minuten köcheln lassen.
3. In der Zwischenzeit den Backofen auf 180 °C Umluft vorheizen. Aus dem Toastbrot mit einem Fledermaus-Ausstecher je 1 Fledermaus ausstechen. Auf ein mit Backpapier belegtes Blech legen und im Ofen 5 Minuten rösten.
4. Aus jeder Käsescheibe je 2 Fledermäuse ausstechen. Jede Toast-Fledermaus mit 1 Käse-Fledermaus belegen und nochmals 5 Minuten im Ofen backen.
5. Die Suppe nach Ende der Garzeit mit dem Stabmixer pürieren, dann durch ein Sieb streichen und wieder in den Topf geben. Die Sahne einrühren und Suppe vor dem Servieren nochmals aufkochen lassen. Suppe portionsweise in Teller geben und mit den Fledermäusen belegen.

KÜRBIS-BURGER

Halloween macht selbst vor einem Burger nicht halt. Schaurig schön und lecker!

Zutaten für 4 Stück:

1 Zwiebel
400 g Rinderhackfleisch
1 Ei
1 EL Semmelbrösel (oder 1 Scheibe Toast)
1 EL Senf
Salz
Pfeffer
½ TL Paprikapulver (rosenscharf)
2 TL Sonnenblumenöl
4 Scheiben Cheddar
einige Salatblätter
4 Burger-Brötchen (siehe Seite 34)
4 TL Ketchup (siehe Seite 35)
4 TL Burger-Mayonnaise (siehe Seite 34)

1. Die Zwiebel abziehen, fein würfeln und in einer Schüssel mit Hackfleisch, Ei, Semmelbröseln (oder zerbröckeltem Toast) und Senf mischen. Mit Salz, Pfeffer und Paprikapulver würzen. Den Fleischteig gut verkneten und 30 Minuten kühl stellen.
2. Aus dem Hackfleischteig mit feuchten Händen 4 Burger-Patties formen. In einer Pfanne Sonnenblumenöl erhitzen und Patties darin 4–6 Minuten braten.
3. In der Zwischenzeit den Backofen auf 180 °C Umluft vorheizen und ein Backblech mit Backpapier auslegen.
4. Aus den Käsescheiben mit einem spitzen Messer jeweils 2 Augen und 1 Mund ausschneiden. Hackfleisch-Patties auf das Backblech setzen, mit den Käsescheiben belegen und 5 Minuten im Backofen braten, bis der Käse geschmolzen ist.
5. Die Salatblätter waschen und trocken schütteln.
6. Die Burger-Brötchen aufschneiden. Die Unterseiten mit Ketchup und Mayonnaise bestreichen und mit Salat belegen. Auf jede Unterseite 1 Patty mit Gesicht auflegen. Die Brötchenoberseiten zu den Burgern servieren.

Wer selbst Burger-Brötchen backen oder die passenden Soßen machen will, für den habe ich hier leckere Rezepte:

BURGER-BRÖTCHEN MIT BIER

Zutaten für 6 Stück:
180 ml dunkles Bier
1 Päckchen Trockenhefe
1 TL Honig
150 g Weizenmehl
180 g Roggenmehl
1 Prise Salz
50 g weiche Butter
etwas Olivenöl
1 Ei

1. Das Bier in einem Topf erwärmen, Trockenhefe und Honig einrühren.
2. Weizenmehl und Roggenmehl in einer Schüssel vermischen. Bier-Hefe-Mischung zum Mehl geben und alles gut mit dem Handrührgerät verkneten. Salz und Butter zugeben und unterkneten.
3. Teig in eine mit Olivenöl ausgestrichene Schüssel füllen und abgedeckt 50 Minuten ruhen lassen.
4. Dann aus dem Teig 6 Kugeln formen und diese auf ein mit Backpapier ausgelegtes Backblech setzen. Abgedeckt weitere 30 Minuten gehen lassen.
5. Den Backofen auf 180 °C Ober-/Unterhitze vorheizen.
6. Das Ei in einer Schüssel mit 1 TL Wasser verquirlen und die Teiglinge damit bepinseln. Brötchen im Ofen in 15 Minuten goldbraun backen.

BURGER-MAYONNAISE

Zutaten für 250 g:
50 g Gewürzgurken
1 rote Paprikaschote
1 kleine Zwiebel
150 g Mayonnaise
50 g Ketchup
(siehe Seite 35)
1 TL Worcestersoße
Salz, Pfeffer, Zucker

1. Gewürzgurken abtropfen lassen und in kleine Würfel schneiden. Die Paprikaschote waschen, putzen und ebenfalls klein würfeln. Die Zwiebel schälen und klein schneiden.
2. Die vorbereiteten Zutaten in eine Schüssel geben, mit Mayonnaise, Ketchup und Worcestersoße vermengen. Mit Salz, Pfeffer und Zucker abschmecken und kalt stellen.

KETCHUP

Zutaten für ca. 1 l:

2 kg vollreife Tomaten
2 Zwiebeln
2 Knoblauchzehen
1 Stück Ingwer (4 cm)
2 EL Olivenöl
1–2 EL Salz
1 TL Senfpulver
1 TL rosenscharfes Paprikapulver
2 Gewürznelken
½ TL Pimentkörner
½ TL Pfefferkörner
50 g brauner Zucker
100 ml Rotweinessig

1. Tomaten waschen, Stielansätze sowie grüne Stellen entfernen und Fruchtfleisch grob zerkleinern.
2. Zwiebeln, Knoblauch und Ingwer schälen und grob hacken.
3. Olivenöl in einem großen Topf erhitzen. Zwiebeln, Knoblauch, Ingwer und Tomatenstücke zugeben. Salz, Senfpulver, Paprikapulver, Gewürznelken, Piment- und Pfefferkörner unterrühren. Alles aufkochen lassen und dann bei geringer Hitze 30 Minuten köcheln lassen. Dabei ab und zu umrühren.
4. Nach Ende der Garzeit Topf vom Herd nehmen und alles mit dem Stabmixer pürieren. Püree durch ein Passiersieb streichen und wieder in einen Topf geben. Ketchup aufkochen lassen und dann bei reduzierter Hitze 30 Minuten einköcheln lassen.
5. Zucker und Essig unterrühren und Ketchup in sterile Gläser abfüllen.

SPINNEN-SUPPE

Natürlich muss an Halloween auch ein Rezept mit Kürbis dabei sein. Ich habe mich für den Hokkaidokürbis entschieden, weil man da die Schale einfach mitverwenden kann.

Zutaten für 4 Portionen:
3 Zwiebeln
3 Knoblauchzehen
50 g Ingwer
1 Hokkaidokürbis (ca. 2 kg)
100 g Butter
2 EL Honig
1 EL Currypulver
300 ml Orangensaft
2 l Gemüsebrühe
Salz
Pfeffer
frisch geriebene Muskatnuss
200 g Schmand

1. Zwiebeln, Knoblauchzehen und Ingwer schälen und anschließend in kleine Würfel schneiden. Kürbis waschen, halbieren, Stängel und Kerne entfernen und Fruchtfleisch in kleine Stücke schneiden.
2. In einem großen Topf die Butter schmelzen und Zwiebeln, Ingwer und Knoblauch darin glasig andünsten.
3. Kürbis, Honig und Currypulver zugeben und kurz unterrühren. Orangensaft angießen und 5 Minuten einkochen lassen. Die Brühe zugeben und Suppe bei mittlerer Hitze etwa 20 Minuten köcheln lassen.
4. Anschließend mit einem Stabmixer fein pürieren und mit Salz, Pfeffer und Muskatnuss abschmecken.
5. Den Schmand verrühren und in einen Spritzbeutel mit Lochtülle füllen. Suppe portionsweise auf Teller verteilen und mit dem Spritzbeutel eine Spirale auf die Suppe spritzen. Mit einem Zahnstocher oder einer Gabel das Spinnennetzmuster ziehen.

CRUNCHY CHEESEBALLS

Die kleinen Fledermäuse dürfen auf keinem Halloween-Buffet fehlen. Einfach crunchy lecker!

Zutaten für 6 Stück:

4 große Tortillas oder Wraps
100 g Panko-Paniermehl
250 g Frischkäse
150 g Ziegenfrischkäse
2 TL gefriergetrockneter Schnittlauch
2 TL Sesam
3 grüne Oliven ohne Kern

1. Backofen auf 180 °C Umluft vorheizen und ein Backblech mit Backpapier auslegen.
2. Aus den Tortillas 12 Fledermausflügel ausschneiden, diese auf das Blech legen und im Ofen 15 Minuten goldbraun backen. Danach abkühlen lassen.
3. Panko in einer Schüssel mit dem Frischkäse und dem Ziegenfrischkäse verrühren. 6 große Kugeln aus der Masse formen.
4. Schnittlauch und Sesam jeweils auf einen Teller geben und je 3 Kugeln darin wälzen.
5. In jede Kugel seitlich 2 Fledermausflügel stecken.
6. Oliven in feine Scheiben schneiden und diese als Augen auf die Käsebällchen drücken.

KARTOFFELPÜREE À LA GHOST

Kartoffelpüree ist eigentlich ein Wohlfühlessen. Und auch in Form von kleinen Geistern kann man sich nicht wirklich unbehaglich fühlen.

Zutaten für 6–8 Stück:
750 g mehligkochende Kartoffeln
80 g Butter
½ TL Salz
100 ml Milch
frisch geriebene Muskatnuss
12–16 TK-Erbsen

1. Kartoffeln schälen, waschen und vierteln. In einen Topf geben und so viel kaltes Salzwasser angießen, dass sie ca. 1 cm damit bedeckt sind. Wasser zum Kochen bringen und Kartoffeln bei mittlerer Hitze in ca. 20 Minuten gar kochen.
2. Kartoffeln in ein Sieb abgießen und wieder in den Topf geben. Butter und Salz zufügen.
3. Milch in einem Topf leicht erwärmen. Kartoffeln mit einem Gemüsestampfer zerdrücken und dabei langsam die Milch zugießen. Mit Muskat abschmecken.
4. Kartoffelpüree in einen Spritzbeutel mit großer Lochtülle füllen und 6–8 Geister auf einen Teller spritzen. Erbsen als Augen in die Kartoffelpüree-Geister drücken.

MONSTERKÄSE

Du hast eigentlich keine Lust auf Halloween, doch deine Familie liebt entsprechende Deko? Dann mach ihnen doch die Freude beim Abendbrot: mit Käse – einem Monsterkäse.

Zutaten für 4 Stück:

4 Babybel (oder anderer runder Schnittkäse mit rotem Paraffinüberzug)
8 Klebeaugen

1. Beim Käse jeweils den Mittelstreifen abziehen und mit einem scharfen Messer 2 Zähne aus dem Überzug ausschneiden.
2. Auf jeden Käse 2 Augen aufkleben – fertig!

BURGER MCMONSTER

Nicht nur zu Halloween kommen die kleinen Monster gut an. Sie sind auch bei jedem Kindergeburtstag ein absoluter Hit.

Zutaten für 24 Stück:

Für die Brötchen:
25 g frische Hefe
20 g Zucker
250 ml Milch
50 g Butter
125 ml Wasser
Salz
300 g Mehl
1 Ei
1 Eigelb
2 EL Sahne
1 EL Sesam

Für die Burger:
1 kg gemischtes Hackfleisch
Salz, Pfeffer
4 TL Sonnenblumenöl
etwas Senf, Ketchup oder Burger-Mayonnaise (siehe Seiten 34/35)
12 Scheiben Käse
einige Salatblätter
48 Oliven ohne Kern
1 rote Paprikaschote
48 Nachos

Außerdem:
Zahnstocher

1. Hefe in eine Schüssel bröckeln und so lange mit dem Zucker verrühren, bis eine flüssige Konsistenz entstanden ist.
2. Milch in einem Topf erwärmen und die Butter darin schmelzen. Wasser zugießen und Flüssigkeit auskühlen lassen, bis sie lauwarm ist.
3. Salz, Mehl und das ganze Ei in eine Schüssel geben und die Milchmischung zugeben. Mit dem Handrührgerät 6 Minuten verrühren. Dabei das Hefegemisch langsam einarbeiten. Den Teig zugedeckt an einem warmen Ort 45 Minuten gehen lassen.
4. Danach nochmals durchkneten und 24 kleine runde Brötchen daraus formen. Buns auf ein mit Backpapier belegtes Backblech legen und nochmals abgedeckt 20 Minuten gehen lassen.
5. Währenddessen den Backofen auf 170 °C Umluft vorheizen.
6. Eigelb und Sahne in einer Schüssel verquirlen und die Teiglinge damit bepinseln. Mit Sesam bestreuen und im Backofen in 15 Minuten goldbraun backen.
7. In der Zwischenzeit das Hackfleisch mit Salz und Pfeffer würzen. Aus der Masse 24 kleine Kugeln formen und flach drücken. Öl in einer großen Pfanne erhitzen und die Mini-Patties darin von beiden Seiten gut durchbraten.
8. Brötchen aufschneiden und beide Seiten nach Belieben mit Ketchup, Senf oder Mayonnaise bestreichen.

9. Die Käsescheiben halbieren und jeweils an der langen Seite Zähne ausschneiden. Salatblätter waschen und trocken schütteln.
10. Auf die Brötchenunterseite jeweils erst Salat, dann Fleisch und Käse geben und zuletzt die Brötchenoberseite aufsetzen. Je 2 Oliven als Augen mit Zahnstochern auf den Mini-Burgern fixieren.
11. Paprikaschote waschen und putzen. Aus der Paprika 24 Zungen ausschneiden und diese unter die Patties schieben. Nachos als Ohren in die Mini-Burger stecken.

TEUFELSEIER

Diese großartigen Eier schmecken lecker und bereichern einfach jedes Party-Buffet.

Zutaten für 24 Stück:
12 Eier
2 TL Senf
30 g Mayonnaise
½ TL Tabasco
Salz
Pfeffer
2 EL Tomatenmark (optional)

Außerdem:
Strohhalm

1. Die Eier in einem Topf mit Wasser hart kochen, mit kaltem Wasser abschrecken und vollständig abkühlen lassen. Dann pellen, halbieren, das Eigelb vorsichtig herauslösen und in eine Schüssel geben.
2. Senf, Mayonnaise und Tabasco zufügen und alles mit einer Gabel gut vermengen und zerdrücken. Mit Salz und Pfeffer würzen. Nach Belieben die Hälfte der Füllung mit Tomatenmark vermischen, damit das Gesicht des Teufels besser zu erkennen ist.
3. Mit einem Strohhalm aus den Eiweißhälften Augen, Nase und Mund des Teufels ausstechen. Eigelbmasse mit einem Teelöffel in die Eiweißhälften füllen und die Eier so anrichten, dass das Gesicht zu sehen ist.

SÜSSES

MUMIEN-TASCHEN

Eingeschnürt und bewegungslos liegen die leckeren Kürbistaschen vor dir. Greif einfach genüsslich zu, denn wegrennen können sie nicht.

Zutaten für 3 Stück:

1 Rolle frischer Hefeteig
400 g gewürfelter Kürbis (aus dem Glas)
80 g Frischkäse
2 TL brauner Zucker
4 TL weißer Zucker
1 Ei
2 TL Zimt
½ TL gemahlener Ingwer
¼ TL frisch gemahlene Muskatnuss
6 Zuckeraugen

1. Den Teig ausrollen und 3 Rechtecke (15 x 8 cm) ausschneiden. Aus dem restlichen Teig 2 cm breite Streifen schneiden. Die Rechtecke auf ein mit Backpapier ausgelegtes Backblech legen.
2. Den Backofen auf 180 °C Umluft vorheizen.
3. Die Kürbiswürfel in einem Sieb abtropfen lassen und in eine Schüssel geben. Frischkäse, braunen Zucker und 2 TL weißen Zucker dazugeben und alles mit dem Stabmixer pürieren.
4. Das Ei aufschlagen und trennen. Das Eiweiß in einer Schüssel beiseitestellen und das Eigelb, 1 TL Zimt, Ingwer und Muskatnuss unter die Kürbismasse rühren.
5. Das Püree auf den Teigrechtecken verteilen, dabei einen Rand von ca. 1 cm frei lassen.
6. Die Teigstreifen darauf verteilen und die Enden andrücken.
7. Eiweiß in einer Schüssel mit 1 TL Wasser verquirlen, die Teigstreifen damit bestreichen und mit dem restlichen Zucker und Zimt bestreuen. Mumien-Taschen im Ofen in 15–20 Minuten goldbraun backen. Danach mit Zuckeraugen verzieren.

SPIDER-CUPCAKES

Hier krabbeln ganz schön dicke Spinnen über den Tisch. Bereit, in eine reinzubeißen?

Zutaten für 12 Stück:
125 g weiche Butter
150 g Zucker
2 Eier
100 g Mehl
½ TL Backpulver
40 g Kakaopulver
1 Prise Salz
100 g Sahne
100 ml heißer Espresso
150 g weißer Rollfondant
1 Tube essbarer Kleber (oder 1 EL Wodka)
48 Salzbrezeln
24 Schokolinsen

Außerdem:
12 Papier-Muffinförmchen

1. Papier-Muffinförmchen in die Mulden einer Muffinform setzen und den Backofen auf 180 °C Ober-/Unterhitze (160 °C Umluft) vorheizen.
2. Butter und Zucker in eine Schüssel geben und mit dem Handrührgerät schaumig rühren. Die Eier nach und nach hinzufügen und unterrühren.
3. Das Mehl in einer Schüssel mit Backpulver und Kakaopulver mischen, in die Buttermischung sieben und verrühren.
4. Salz, Sahne und Espresso hinzufügen und kurz verrühren. Teig in die Förmchen gießen und Cupcakes 20–25 Minuten im vorgeheizten Ofen backen. Dann abkühlen lassen.
5. Aus der Fondantrolle 36 Streifen mit einer Breite von 5 mm schneiden, diese mit essbarem Kleber oder Wodka einpinseln und auf jeden Cupcake 3 Streifen legen.
6. Jede Salzbrezel teilen und jeweils 4 Hälften pro Seite als Spinnenbeine in jeden Cupcake stecken.
7. Je 2 Schokolinsen mithilfe des essbaren Klebers als Augen auf jeden Cupcake kleben.

TIPP:
Wer keinen essbaren Kleber zur Hand hat, rührt einfach eine dickflüssige Zuckerglasur aus Puderzucker und Wasser an.

SÜSSE FRISCHKÄSE-RATTE

Süße Ratte? Das ist kein Widerspruch, denn wer einmal von dieser leckeren Frischkäse-Ratte probiert hat, wird ihr nicht mehr widerstehen können. Dazu passen perfekt ein paar Cracker.

Zutaten für 4 Portionen:

500 g Oreokekse
250 g Frischkäse
150 g Puderzucker
1 Msp. rosafarbene Lebensmittelfarbe
2 Zuckeraugen (oder Schokoladentropfen)

1. Kekse in eine Küchenmaschine geben und fein zermahlen. Zwei Drittel der Kekskrümel zur Seite stellen. Die restlichen Kekskrümel mit dem Frischkäse vermengen. 3 TL der Frischkäsemasse beiseitestellen.
2. Die restliche Frischkäsemasse auf eine Klarsichtfolie löffeln, einwickeln, zu einem langen ovalen Körper formen und mindestens 1 Stunde in den Kühlschrank legen.
3. Frischkäsemasse auspacken, in den beiseitegelegten Kekskrümeln wälzen und auf eine Servierplatte oder ein Holzbrettchen legen.
4. Aus der restlichen Frischkäsemasse Ohren und Pfoten formen, an den Rattenkörper andrücken und mit Kekskrümeln bestreuen und diese auch etwas andrücken.
5. Puderzucker in einer Schüssel mit Lebensmittelfarbe und etwas Wasser zu einer dicken Glasur verrühren, in einen Spritzbeutel füllen und Krallen, Nase und Ohren damit aufspritzen. Dann einen langen Schwanz auf das Brettchen spritzen.
6. Zuckeraugen tief in den Rattenkopf drücken. Bis zum Servieren die Ratte im Kühlschrank aufbewahren.

BIRNENGEISTER

»BUH!« – jetzt wird es gruselig! Oder doch eher fruchtig?

Zutaten für 3 Stück:

3 große Birnen
250 g weiße Candy Melts
6 Zuckeraugen

1. Birnen heiß abwaschen und trocken reiben.
2. Die Candy Melts in eine Schüssel geben und im heißen Wasserbad zum Schmelzen bringen.
3. Birnen an der Unterseite gerade abschneiden und auf Teller setzen. Mit einem Löffel die weiße Schokolade langsam über die Birnen gießen. Am besten in mehreren Schichten, das ergibt einen schönen 3D-Effekt.
4. Überzug antrocknen lassen und die Augen in die weiße Schokolade drücken.

TIPP:
Candy Melts sind farbige Glasuren in Form von Schmelzdrops. Du musst sie nur schmelzen und kannst sie dann wie Kuvertüre weiterverarbeiten. Im Gegensatz zu Schokolade enthalten Candy Melts allerdings keine Kakaobutter, sondern meist Palmfett.
Statt fertiger Zuckeraugen kannst du auch weiße Lakritzkonfektrollen halbieren und aufsetzen.

MONSTERAUGEN-TORTE

Da will man sich im Grunde nur gemütlich an den Tisch setzen und ein Stück Kuchen genießen, und dann wird man ständig beobachtet ... Die großen Monsteraugen sind aber auch ein echter Hingucker.

Zutaten für 1 Torte (∅ 18 cm):

Für den Teig:
225 ml Milch
1 EL Zitronensaft
220 g Mehl
70 g Kakaopulver
320 g Zucker
2 TL Natron
1 TL Backpulver
½ TL Salz
2 Eier
125 ml Sonnenblumenöl
250 ml heißer Kaffee

Für Creme und Topping:
250 g weiche Butter
400 g Puderzucker
1 Prise Zimt
150 g gut gekühlter Frischkäse
12 Oreokekse
6 Mini-Oreokekse
6 braune Schokolinsen

1. Backofen auf 180 °C Ober-/Unterhitze vorheizen.
2. Für den Teig Milch in einer Schüssel mit dem Zitronensaft verrühren.
3. In einer zweiten Schüssel Mehl, Kakao, Zucker, Natron, Backpulver und Salz vermengen.
4. In einer weiteren Schüssel Eier und Öl mit dem Handrührgerät 4 Minuten schaumig schlagen. Mehlmischung im Wechsel mit der Milchmischung zur Eiermischung geben und vermengen. Dann den heißen Kaffee unter den Teig rühren.
5. Teig auf 2 mit Backpapier ausgelegte Springformen (∅ 18 cm) verteilen und 30–40 Minuten im Ofen backen.
6. Böden gut abkühlen lassen. Dann die Böden an der Oberseite ganz gerade schneiden. Jeden Boden einmal waagerecht durchschneiden.
7. Damit die Creme gut gelingt und nicht zu flüssig wird, zunächst die weiche Butter in einer Schüssel 3 Minuten lang mit dem Handrührgerät cremig schlagen. Den Puderzucker und den Zimt dazugeben und weitere 3 Minuten rühren. Erst zum Schluss den Frischkäse zufügen und nur ganz kurz unterheben.
8. 1 Tortenboden mittig auf eine Tortenplatte setzen. 3 EL Creme daraufgeben und glatt streichen. Den zweiten Boden obenauf setzen und wieder Creme darauf verstreichen. Mit dem dritten und vierten Tortenboden ebenso verfahren. Auch die Seiten mit der Frischkäsecreme bestreichen und diese glatt streichen.

9. Die Torte in den Kühlschrank stellen, sodass sich die Masse etwas festigen kann.
10. Die Oreokekse vorsichtig mit einem Messer trennen, sodass die weiße Füllung an einer Seite hängen bleibt. Die kleinen Oreokekse ebenso trennen.
11. Nun jeweils 2 große Oreokekse mit Füllung als Augenpaar auf die Torte setzen. Als Pupillen die Hälften der Mini-Oreos ohne Füllung verwenden. Die Mini-Oreohälften mit Füllung ebenso als kleine Augenpaare auf die Torte setzen und dazu als Pupillen die Schokolinsen nehmen.

HEXEN-CUPCAKES

Diese Cupcakes schmecken wunderbar schokoladig. Das mögen auch richtige Hexen gern.

Zutaten für 12 Stück:
400 g Butter
250 g Zartbitterschokolade
6 Eier
400 g Zucker
200 g Mehl
2 TL Backpulver
3 EL Milch
1 TL Vanilleextrakt
450 g Puderzucker
beliebige Lebensmittelfarbe
250 g Kuvertüre
12 Eiswaffelhörnchen
12 große Schokoladenkekse (größer als die Eiswaffeln)
100 g bunte Fruchtgummischnüre
50 g grüner Rollfondant
schwarze Lebensmittelfarbe (in der Tube)

Außerdem:
12 Papier-Muffinförmchen

1. Backofen auf 160 °C Umluft vorheizen und 12 Mulden einer Muffinform mit Papierförmchen auslegen.
2. 250 g Butter und die grob zerteilte Schokolade in eine Schüssel geben und im heißen Wasserbad unter Rühren schmelzen.
3. Die Eier trennen. Eigelb und Zucker in einer Schüssel mit dem Handrührgerät so lange schlagen, bis sich der Zucker aufgelöst hat. Die Schokoladenmasse unterrühren. Mehl und Backpulver vermengen und kurz unterrühren.
4. Das Eiweiß in einer Schüssel steif schlagen und unter den Teig heben.
5. Teig in die Förmchen füllen und 25–30 Minuten im Ofen backen. Dann abkühlen lassen.
6. In einer großen Schüssel 150 g Butter weich rühren. Milch und Vanilleextrakt dazugeben, die Hälfte des Puderzuckers dazusieben und Teig 5 Minuten aufschlagen. Den restlichen Puderzucker dazusieben und verrühren. Die Lebensmittelfarbe nach Belieben tröpfchenweise zugeben, bis die gewünschte Farbintensität erreicht ist.
7. Buttercreme in einen Spritzbeutel füllen und auf die Cupcakes aufspritzen. Creme erkalten lassen.
8. In der Zwischenzeit die grob zerhackte Kuvertüre in eine Schüssel geben und im heißen Wasserbad schmelzen. Die Eiswaffelhörnchen mit der geschmolzenen Schokolade überziehen und antrocknen lassen.

9. Eiswaffelhörnchen mit etwas Schokolade wie einen Hexenhut auf den Schokoladenkeksen befestigen. Schokolade ganz trocknen lassen. Fruchtgummischnüre als Haare auf den Cupcakes verteilen und die Hexenhüte daraufsetzen.
10. Aus dem Rollfondant ca. 5 mm dicke Streifen schneiden und diese als Hutband um die Hexenhüte legen. Mit schwarzer Lebensmittelfarbe verzieren.

BOO-CORN

Zu einem richtigen Halloween-Fest gehören natürlich auch Horrorfilme, die man am besten gemütlich auf dem Sofa mit viel Popcorn genießt.

Zutaten für 4 Portionen:

Sonnenblumenöl
6 EL Zucker
100 g Popcornmais

1. Öl in einen großen Topf geben, bis der Boden damit bedeckt ist. Das Öl stark erhitzen, den Zucker zufügen und 10 Sekunden verrühren.
2. Popcornmais hinzufügen und Topf mit einem Deckel verschließen. Den Herd ausstellen und den Mais aufploppen lassen, dabei den Topf ab und zu rütteln, damit sich der Zucker schön verteilt.
3. Wenn der Mais nicht mehr zu hören ist, Deckel schnell abnehmen und das Popcorn durchlüften lassen, damit es schön knusprig bleibt.

TIPP:
Kleine Klarsichttüten mit schwarzem, wasserfestem Stift bemalen und das abgekühlte Popcorn portionsweise einfüllen und verschließen.

GESPENSTER-BROWNIES

Da schmelzen nicht nur die Geister auf den Brownies dahin!

Zutaten für 16 Stück:

250 g Butter + etwas mehr für die Form
200 g Zartbitterschokolade
4 Eier
200 g Mehl
½ TL Backpulver
130 g brauner Zucker
200 g weißer Zucker
30 g ungesüßtes Kakaopulver
250 g Puderzucker
16 große Marshmallows
schwarze Lebensmittelfarbe (in der Tube)

1. Backofen auf 170 °C Umluft vorheizen und eine Springform (Ø 20 cm) mit etwas Butter einfetten.
2. Butter mit der grob zerteilten Schokolade in eine Schüssel geben und im heißen Wasserbad schmelzen. Schokoladenmasse etwas abkühlen lassen, dann die Eier langsam einrühren.
3. Mehl mit dem Backpulver vermengen. Mehlmischung, braunen Zucker und weißen Zucker und Kakaopulver zur Schoko-Butter-Masse geben und mit dem Handrührgerät kurz unterrühren. Teig in die Springform füllen und im Ofen 25 Minuten backen. Dann abkühlen lassen und in 16 Stücke schneiden.
4. Puderzucker in einer Schüssel mit etwas Wasser zu einer dickflüssigen Glasur verrühren und auf den Brownies verteilen. Auf jeden Brownie 1 Marshmallow setzen und mit der Lebensmittelfarbe jeweils ein Gesicht aufmalen.

MONSTER-CROSSIES

Da schmelzen nicht nur die Geister auf den Brownies dahin!

Zutaten für 50 Stück:
500 g weiße Kuvertüre
40 g Kokosfett
120 g Cornflakes
120 g Mandelstifte
Lebensmittelfarbe in Rot, Blau und Grün
100 Zuckeraugen

1. Kuvertüre hacken, mit dem Kokosfett in eine Schüssel geben und im heißen Wasserbad schmelzen.
2. Cornflakes etwas zerbröseln und in einer Schüssel mit den Mandelstiften vermengen. Dann Mischung auf 3 Schüsseln verteilen.
3. Flüssige Kuvertüre ebenfalls auf 3 Schüsseln aufteilen und jeweils mit Lebensmittelfarbe einfärben. Die farbige Schokolade jeweils in eine Schüssel mit der Cornflakes-Mandel-Mischung schütten und gut vermengen, sodass die trockenen Zutaten komplett damit überzogen sind.
4. Mit 2 Teelöffeln etwa 50 kleine Häufchen auf ein mit Backpapier belegtes Backblech setzen.
5. Die Zuckeraugen aufsetzen und die Monster mindestens 2 Stunden an einem kühlen Ort fest werden lassen.

MONSTER-DONUTS

Die Monster sind los! Auch wenn diese Donuts neugierige Augen haben, bleiben sie lecker.

Zutaten für 20 Stück:

Für den Teig:

200 ml Milch
30 g frische Hefe
80 g Zucker
500 g Mehl + etwas mehr für die Arbeitsfläche
90 g weiche Butter
1 Ei
1 Eigelb
¼ TL Salz
2 kg Frittierfett (oder 2 l Rapsöl)

Für die Glasur:

500 g Puderzucker
Zitronensaft (oder Wasser)
Lebensmittelfarbe in verschiedenen Farben
Zuckeraugen
Zuckerstreusel

Außerdem:

1 großer runder Ausstecher (Ø 8 cm)
1 kleiner runder Ausstecher (Ø 1 cm)

1. Milch in einen Topf geben und leicht erwärmen. 100 ml lauwarme Milch in eine Schüssel gießen und die Hefe hineinbröckeln. 1 TL Zucker hinzugeben und alles verrühren, bis sich die Hefe vollständig aufgelöst hat.
2. Mehl in eine Schüssel geben und in die Mitte eine Mulde drücken. Die lauwarme Hefe-Milch-Mischung hineingeben und verrühren. Schüssel mit einem Küchentuch bedecken und Teig an einem warmen Ort 10 Minuten ruhen lassen.
3. Den restlichen Zucker, die restliche Milch, Butter, Ei, Eigelb und Salz zum Teig geben und mit dem Handrührgerät 5 Minuten rühren. Teig abgedeckt an einem warmen Ort 30 Minuten gehen lassen.
4. Den Teig auf einer leicht bemehlten Arbeitsfläche 1 cm dick ausrollen und mit einem großen runden Ausstecher Kreise ausstechen. In der Mitte jeweils ein kleines Loch (Ø 1 cm) ausstechen.
5. Die Donuts mit Abstand zueinander auf 2 mit Backpapier ausgelegte Backbleche setzen und zugedeckt 60 Minuten gehen lassen.
6. Frittierfett in einem hohen Topf erhitzen und immer 2–3 Teiglinge darin von jeder Seite 1–2 Minuten goldbraun frittieren. Herausnehmen und auf einem Küchenpapier abtropfen lassen.
7. Für die Glasur den Puderzucker in einer Schüssel mit Zitronensaft oder Wasser zu einer dickflüssigen Glasur rühren, in Portionen aufteilen und nach Belieben mit Lebensmittelfarbe färben. Donuts in die Glasur drücken und auf einem Gitter abtropfen lassen. Mit Zuckeraugen und Streuseln dekorieren.

VAMPIR-DONUTS

Donuts müssen nicht unbedingt in Fett ausgebacken werden, sondern lassen sich auch gut im Backofen zubereiten. Dieses Rezept ist für stilechte Blutsauger.

Zutaten für 6 Stück:
2 TL weiche Butter + etwas mehr für die Form
125 g Mehl
75 g Zucker
1 TL Backpulver
1 Prise Salz
1 Msp. Vanillepaste
80 ml Milch
1 Ei
2 TL Zucker
50 g Puderzucker
rote Lebensmittelfarbe

Außerdem:
Donut-Backform
6 Plastikvampirgebisse

1. Den Backofen auf 180 °C Ober-/Unterhitze vorheizen und die Donut-Backform (6 Mulden) etwas einfetten.
2. Mehl, Zucker, Backpulver und Salz in einer Schüssel vermengen.
3. Vanillepaste, Milch, Ei und 1 TL Butter in einer zweiten Schüssel verrühren. Vanillemischung zur Mehlmischung geben und mit dem Handrührgerät zu einem Teig rühren.
4. Den Teig in die Backform füllen und Donuts ca. 20 Minuten auf mittlerer Schiene goldgelb backen.
5. Etwas abkühlen lassen. Aus der Form nehmen, mit der restlichen Butter bestreichen und mit Zucker bestreuen.
6. Vampirgebisse in die Mitte der Donuts drücken.
7. Puderzucker in einer Schüssel mit 1 Spritzer Wasser zu einer dickflüssigen Glasur verrühren und mit der roten Lebensmittelfarbe einfärben. Rote Glasur als Blutspritzer auf den Donuts verteilen.

GEHIRN-DIP

Ein ganzer Hexenkessel voller Gehirn. Da kannst du zu Halloween mal ordentlich zulangen und dippen, was das Zeug hält.

Zutaten für 8 Portionen:
250 g Butter
250 g Frischkäse
250 g Puderzucker
etwas Vanilleextrakt (optional)
rote Lebensmittelfarbe
400 g Löffelbiskuits

1. Butter, Frischkäse, Puderzucker und Vanilleextrakt, sofern verwendet, in eine Schüssel geben und mit dem Handrührgerät vermischen.
2. Etwas rote Lebensmittelfarbe zugeben und grob verrühren, sodass die Färbung ungleichmäßig ist. Das Gemisch in einen Spritzbeutel mit großer Lochtülle füllen.
3. Die Masse in eine Schüssel spritzen. Mit Löffelbiskuits zum Dippen servieren.

SPINNEN-KEKSE

Diese Halloween-Kekse gefallen mir am allerbesten. Und lecker sind sie sowieso. Du kannst die Kekse mit deinen Lieblingsschokokugeln oder -pralinen toppen.

Zutaten für 12 Stück:
100 g Vollmilchkuvertüre
12 große Kekse (ca. Ø 8 cm)
12 Schokokugeln (oder Pralinen)
24 Zuckeraugen

1. Vollmilchkuvertüre grob hacken, in eine Schüssel geben und im heißen Wasserbad langsam schmelzen.
2. Zwei Drittel der Schokolade in einen Spritzbeutel füllen und auf jeden Keks pro Seite 4 Spinnenbeine aufspritzen.
3. Schokokugeln oder Pralinen zur Hälfte in die restliche Schokolade tauchen und mittig auf den Keksen platzieren. Jeweils mit Zuckeraugen versehen.

Natürlich kannst du deine Kekse auch ganz einfach selbst backen:

KEKSE

Zutaten für 20 Kekse:
150 g Butter
225 g Mehl + etwas mehr für die Arbeitsfläche
110 g Zucker

1. Den Backofen auf 175 °C Ober-/Unterhitze vorheizen und 2 Backbleche mit Backpapier belegen.
2. Butter in kleine Würfel schneiden und mit Mehl und Zucker in eine Schüssel geben. Mit der Hand zu einem Teig verkneten. Teig zu einer Kugel formen und 30 Minuten kalt stellen.
3. Den Teig auf einer bemehlten Arbeitsfläche ausrollen und mit einem runden Ausstecher 20 Kekse ausstechen. Auf die vorbereiteten Bleche legen und im Ofen in 10–15 Minuten goldbraun backen. Vor dem Weiterverwenden abkühlen lassen.

RIP
RIP

VERSUNKENER SCHOKOLADENPUDDING

Die wohl leckersten Grabstätten der Welt – im Glas.

Zutaten für 4 Portionen:

40 g Vollmilchschokolade
500 ml Milch
1 EL ungesüßtes Kakaopulver
50 g Zucker
2 EL Speisestärke
175 g Oreokekse
4 Löffelbiskuits
1 schwarzer Lebensmittelstift

1. Schokolade hacken und mit 300 ml Milch in einem Topf zum Kochen bringen. Unter ständigem Rühren die Schokolade schmelzen.
2. Die restliche Milch in einer Schüssel mit Kakaopulver, Zucker und Speisestärke verrühren und dann langsam unter Rühren zur Schokoladenmilch gießen. Kurz unter Rühren aufkochen lassen, bis die Masse dickflüssig wird. Pudding etwas abkühlen lassen und in 4 Gläser füllen.
3. Oreokekse in einem Mixer zermahlen und auf dem Schokoladenpudding verteilen.
4. Die Löffelbiskuits mit dem Lebensmittelstift beschriften und als Grabstein in den Pudding stecken.

WURM-LOLLIS

Einige finden Mehlwürmer sicherlich eklig, oder? Aber sie enthalten nicht nur hochwertiges Eiweiß, sondern auch 9 Aminosäuren, viele wichtige Nährstoffe und Vitamine. Mehlwürmer kannst du gefriergetrocknet online kaufen.

Zutaten für 10 Lollis:
120 g Zucker
60 ml Glukosesirup
¼ TL Zitronensäure
30 ml Wasser
beliebige Lebensmittelfarbe
50 g getrocknete Mehlwürmer

Außerdem:
10 Cake-Pop-Stiele (oder Lutscherstiele)

1. Zucker, Glukose, Zitronensäure, Wasser und Lebensmittelfarbe in einen Topf geben, verrühren und bei mittlerer Hitze unter Rühren 6–8 Minuten köcheln lassen. Der Sirup ist fertig, wenn ein Tropfen davon in etwas Wasser sofort fest wird.
2. Den Sirup dann in eine Lutscherform gießen oder 10 Kleckse auf ein Backpapier setzen. Jeweils 1 Stiel hineinstecken und Mehlwürmer in die Masse drücken. Lollis abkühlen lassen.

KÜRBIS-GUGEL

Ein saftiger Gugelhupf, der aussieht wie ein Kürbis, aber eher was für Naschkatzen ist … Auch schön: Mini-Gugelhupfe backen und je 2 mit etwas Glasur zu einem Kürbis zusammenkleben.

Zutaten für 1 großen Gugelhupf (ca. Ø 12 cm):

250 g weiche Butter + etwas mehr für die Form
500 g Mehl + etwas mehr für die Form
300 g Zucker
1 Päckchen Vanillezucker
abgeriebene Schale von 1 Bio-Zitrone
4 Eier
250 g Sahne
1 Päckchen Backpulver
200 ml Milch
200 g Schokotropfen
1 Prise Salz
250 g Puderzucker
etwas Zitronensaft
orangefarbene Lebensmittelfarbe
100 g grüner Rollfondant

1. Backofen auf 180 °C Umluft vorheizen und die Gugelhupfform einfetten und mit etwas Mehl bestäuben.
2. In einer Schüssel Butter, Zucker und Vanillezucker mit dem Handrührgerät cremig rühren. Die Zitronenschale untermischen.
3. Die Eier trennen und das Eiweiß in einer Schüssel zur Seite stellen. Eigelb und Sahne zur Buttermasse geben und gut verrühren. Das Mehl mit dem Backpulver vermengen und in 2 Portionen unter den Teig mischen. Milch unterrühren und Schokotropfen unterheben.
4. Eiweiß mit 1 Prise Salz steif schlagen und ebenfalls unterheben.
5. Teig in die Form füllen und glatt streichen. Im Backofen 55–60 Minuten backen. (Bei kleinen Gugelhupfformen verringert sich die Backzeit auf 40 Minuten.) Mit der Stäbchenprobe prüfen, ob der Kuchen fertig ist. Bleibt kein Teig am Stäbchen haften, Gugelhupf aus dem Ofen holen und in der Form etwas abkühlen lassen. Dann mit einem Messer vorsichtig den Teig vom Rand lösen, den Kuchen auf ein Gitter stürzen und vollständig abkühlen lassen.
6. Den Puderzucker in eine Schüssel geben und mit etwas Zitronensaft und oranger Lebensmittelfarbe zu einer dickflüssigen Glasur verrühren. Glasur auf dem

Kuchen verteilen. Aus der Fondantmasse einen Kürbisstiel formen und diesen in das Gugelhupfloch stecken.

TIPP:
Wenn die Fondantmasse zu hart ist, einfach 10 Sekunden in die Mikrowelle geben.

WALDMEISTERPUDDING MIT AUGEN

Wenn du Wackelpudding selbst machst, kannst du deiner (Geschmacks-)Kreativität freien Lauf lassen. Ich habe mich für Waldmeister entschieden, ein Gemisch aus Apfelsaft und Waldmeistersirup geht natürlich auch.
Nach Lust und Laune kann man Geschmack und Farbe des Wackelpuddings auch verändern. Und für die ganz Faulen: Ein fertiges Päckchen zum Anrühren ist auch mal okay.

Zutaten für 4 Portionen:

9 Blatt Gelatine
7 Stiele frisch gepflückter Waldmeister (oder 50 ml Waldmeistersirup)
750 ml klarer Apfelsaft
grüne Lebensmittelfarbe
8 Zuckeraugen

1. Die Gelatine in einer Schüssel mit kaltem Wasser 10 Minuten einweichen.
2. Waldmeister waschen, abtropfen lassen und fein hacken. Frischen Waldmeister oder Waldmeistersirup zusammen mit dem Apfelsaft in einen Topf geben.
3. Apfelsaft leicht erwärmen, die Gelatine ausdrücken und in dem Saft unter Rühren auflösen. So viel Lebensmittelfarbe zugeben, bis die Wunschfarbe erreicht ist.
4. Die Flüssigkeit durch ein Sieb in 4 Gläser gießen und im Kühlschrank in ca. 4 Stunden fest werden lassen. Vor dem Servieren mit Zuckeraugen dekorieren.

TIPP:
Für die Augen kannst du kleine Kaugummis mit Augenaufdruck verwenden – die finde ich besonders schön.

MADELEINES

Gibt es die perfekten Madeleines? Auf jeden Fall. Hier findest du das Rezept dazu. Zu Halloween bekommen die Madeleines noch ein Gesicht. Ganz wichtig: Der Teig muss einen Tag lang im Kühlschrank ruhen.

Zutaten für 20 große Madeleines:

80 g Butter + etwas mehr für die Formen
3 Eiweiß
100 g Puderzucker
60 g Mehl + etwas mehr für die Formen
40 g fein gemahlene Mandeln
1 TL Honig
1 Msp. Backpulver
100 g weiße Schokolade (oder weiße Candy Melts)
40 Zuckeraugen
schwarze Zuckerschrift aus der Tube

Außerdem:
Madeleine-Form

1. Butter in einem Topf schmelzen und erhitzen.
2. Das Eiweiß in einer Schüssel mit dem Handrührgerät steif schlagen. Puderzucker, Mehl und Mandeln zum Eischnee geben und gut verrühren. Butter und Honig unterheben. Den Teig über Nacht im Kühlschrank ruhen lassen.
3. Am nächsten Tag den Backofen auf 180 °C Ober-/Unterhitze vorheizen.
4. Backpulver unter den Teig heben und die Madeleine-Form mit Butter einfetten und mit Mehl bestäuben.
5. Den Teig mit einem kleinen Löffel in die Madeleine-Form füllen. Madeleines 10–15 Minuten im Ofen backen, bis sie schön goldbraun sind. Herausnehmen und abkühlen lassen.
6. Die gehackte Schokolade oder die Candy Melts in eine Schüssel geben und im heißen Wasserbad langsam schmelzen. Madeleines zur Hälfte in die Schokolade dippen und zum Abtropfen auf ein Kuchengitter legen. 2 Augen auf jede Madeleine setzen.
7. Sobald die Schokolade trocken ist, mit der Zuckerschrift jeweils 1 Mund aufmalen.

TIPP:
Madeleines ruhig in einer größeren Menge zubereiten, denn sie lassen sich perfekt einfrieren und bei Bedarf schnell aufbacken.

LAST-MINUTE-IDEEN

GEISTERBREZELN

Diese Geisterbrezeln sind wirklich schnell gemacht und überzeugen durch die raffinierte Kombination aus salzigem Teig und süßer Schokolade.

Zutaten für 30 Stück:
250 g weiße Kuvertüre
20 g Kokosfett
Fett für das Backpapier
30 Mini-Salzbrezeln
60 Zuckeraugen

1. Kuvertüre grob zerhacken, mit dem Kokosfett in eine Schüssel geben und im heißen Wasserbad schmelzen.
2. Währenddessen ein Backpapier leicht einfetten, damit die in Schokolade getauchten Brezeln später nicht anhaften.
3. Die Brezeln einzeln mit einer Gabel durch die geschmolzene Schokolade ziehen und auf das Backpapier legen. Dabei darauf achten, dass eine Öffnung als Mund ausgespart bleibt. 2 Zuckeraugen auf jede Bretzel setzen und die Schokolade fest werden lassen.

EINGELEGTE MÄUSE

Herzlich willkommen im gruseligen Tierlabor! Wie wäre es zu Halloween mal mit ein paar eingelegten Mäusen?

Zutaten für 4 Portionen:

12 Blatt Gelatine

1 l Kirschsaft

8–12 weiße Schaumzuckermäuse

1. Gelatine in einer Schüssel mit kaltem Wasser 10 Minuten einweichen.
2. Kirschsaft in einem Topf leicht erwärmen. Die ausgedrückte Gelatine zugeben und unter Rühren vollständig auflösen. Die Flüssigkeit etwas abkühlen lassen und dabei ab und zu umrühren.
3. Die Mäuse auf 4 Gläser verteilen und ein wenig von der noch flüssigen Kirsch-Gelatine-Mischung zugießen. 10 Minuten in den Kühlschrank stellen (so bleiben die Mäuse in der Mitte der Gläser und werden nicht nach oben getrieben). Danach die Gläser mit der restlichen Gelatinemischung aufgießen und im Kühlschrank endgültig fest werden lassen.

TIPP:
Du kannst dieses Rezept auch mit Wackelpuddingpulver zubereiten – dazu einfach die Packungsanleitung beachten.

OREO-AUGEN

Wer diese blutigen Augen entdeckt, sollte seinen ganzen Mut zusammennehmen und sie einfach aufessen.

Zutaten für 12 Stück:
12 Oreokekse
50 g blauer Rollfondant
Lebensmittelkleber
12 braune Schokolinsen
rote Lebensmittelfarbe

Außerdem:
1 runder Ausstecher (etwas größer als die Schokolinsen)

1. Oreokekse vorsichtig mit einem Messer teilen, sodass die weiße Füllung auf einer Seite bleibt. Die Hälften ohne Creme in einen Gefrierbeutel geben und für eine andere Verwendung zur Seite legen oder gleich aufessen.
2. Den Rollfondant ca. 5 mm dick ausrollen und mit einem runden Ausstecher, der etwas größer sein sollte als die Schokolinsen, 24 Kreise ausstechen. Je 2 Kreise auf die Oreofüllung auf jeden Keks legen und etwas andrücken. Darauf einen Klecks Lebensmittelkleber setzen und jeweils 1 braune Schokolinse auflegen.
3. Ein paar Spritzer Lebensmittelfarbe in eine kleine Schale geben und mit einem kleinen Pinsel rote Adern auf die Augen malen.

TIPP:
Statt Lebensmittelkleber kannst du auch 2 TL Puderzucker mit 1 Spritzer Wasser zu einer dickflüssigen Glasur verrühren.
Das Trennen der Oreokekse klappt am besten mit den Oreo-Double-Cream-Keksen.

WINDBEUTEL-FLEDERMÄUSE

Schaurig schön ... das passt wohl am besten für diese etwas übergewichtigen Fledermäuse. Sie sind so gut genährt, weil sie sich den Bauch mit Sahne vollgeschlagen haben.

Zutaten für 12 Stück:
250 g Zartbitterschokolade
12 TK-Mini-Windbeutel
12 schwarze Kekse
24 Zuckeraugen

1. Zartbitterschokolade grob zerkleinern, in eine Schüssel geben und im heißen Wasserbad schmelzen.
2. Die noch gefrorenen Windbeutel in die geschmolzene Schokolade tauchen und zum Abtropfen auf ein Kuchengitter setzen.
3. Kekse halbieren und als Ohren in die Windbeutel drücken. Augen auf die Windbeutel drücken und alles fest werden lassen.

SPOOKY GRISSINI

Für alle, die die Kombination salzig und süß mögen, sind diese gespenstischen Grissini perfekt. Mit fertigen Grissini geht das Ganze superschnell, wer aber möchte, kann sie auch selbst backen.

Zutaten für 24 Stück:

150 g weiße Candy Melts (oder weiße Kuvertüre)
Fett für das Backpapier
24 Grissinis (siehe unten)
72 Schokotropfen

1. Candy Melts oder grob gehackte Kuvertüre in eine Schüssel geben und im heißen Wasserbad schmelzen.
2. Ein Backpapier leicht einfetten, damit die Grissini später nicht anhaften.
3. Grissini zur Hälfte in die Schokolade tauchen und auf das Backpapier legen. Die Schokotropfen als Augen und Mund auflegen und fest werden lassen.

GRISSINI

Zutaten für 24 Stück:

500 g Mehl + etwas mehr für die Arbeitsfläche
1 Päckchen Trockenhefe
275 ml Wasser
2 TL Salz
3 EL Olivenöl
Meersalz

Wer die Grissini selbst backen möchte:

1. Mehl, Trockenhefe, Wasser, Salz und Olivenöl in eine Schüssel geben und mit dem Handrührgerät vermischen. Den Teig mit den Händen 10 Minuten kneten, bis er glatt und elastisch ist. Teig abgedeckt an einem warmen Ort 10 Minuten ruhen lassen.
2. Dann den Teig erneut durchkneten und auf einer bemehlten Arbeitsfläche zu einem Rechteck von ca. 1 cm ausrollen. Weitere 10 Minuten ruhen lassen.
3. Backofen auf 200 °C Umluft vorheizen und ein Backblech mit Backpapier auslegen.
4. Teig in 2 gleich große Teile schneiden und diese in 1 cm breite Streifen zerteilen. Jeden Streifen etwas rund rollen, auf das Backblech legen, mit etwas Wasser bestreichen und mit Salz bestreuen.
5. Grissini im Backofen in ca. 15 Minuten goldbraun backen. Auf einem Kuchengitter vollständig auskühlen lassen.

MANDARINEN-KÜRBISSE

Das ist wahrscheinlich das einfachste Rezept, das es gibt, aber trotzdem sehen diese kleinen Kürbisse immer gut aus – und sie schmecken sicher jedem.

Zutaten:
Mandarinen
schwarzer Lebensmittelstift

Die Mandarinen mit heißem Wasser abwaschen, um die Wachsschicht zu entfernen, dann abtrocknen. Mit schwarzer Lebensmittelfarbe Kürbisgesichter aufmalen.

ERDBEERGEISTER

Für die kleinen Erdbeergeister habe ich anstatt weißer Kuvertüre weiße Candy Melts verwendet, denn die sind nicht so gelblich wie Kuvertüre.

Zutaten für 12 Stück:

150 g weiße Candy Melts
12 Erdbeeren
Fett für das Backpapier
24 Zuckeraugen
12 Schokotropfen

1. Candy Melts in eine Schüssel geben und im heißen Wasserbad unter Rühren schmelzen.
2. Erdbeeren waschen und trocken tupfen.
3. Ein Backpapier leicht einfetten, damit die Erdbeeren später nicht anhaften.
4. Erdbeeren durch die geschmolzene Schokolade ziehen. Die überschüssige Schokolade auf das Backpapier abtropfen lassen und die Erdbeere darauf platzieren. So entsteht jedes Mal ein einzigartiger Geist.
5. Zuckeraugen und Schokotropfen als Mund mit ein wenig geschmolzener Schokolade auf die Erdbeeren kleben.

HEXENBESEN

Während die Hexen an einem geheimen Ort ihre Versammlung abhalten, verspeisen wir einfach ihre Fluggeräte.

Zutaten für 6 Stück:

6 Schnittlauchhalme (oder Frühlingszwiebelgrün)
3 Scheiben Gouda (oder 3 Käsesticks)
6 Salzstangen

1. Schnittlauchhalme in eine Schale legen, mit kochendem Wasser übergießen und 5 Minuten ruhen lassen. Optional das Frühlingszwiebelgrün längs in 6 Streifen schneiden und ebenfalls mit kochendem Wasser übergießen und ruhen lassen.
2. Goudascheiben übereinanderlegen, längs halbieren und die Käsestapel in kleinen Abständen einschneiden, dabei 2 cm Abstand zum Rand lassen.
3. 1 Salzstange jeweils am Ende einer Käsescheibe ansetzen und den Käse aufrollen. Mit 1 Schnittlauchhalm oder Frühlingszwiebelgrün fixieren.
4. Wer Käsesticks nimmt, schneidet diese mehrmals mit einer Schere ein und lässt ebenfalls einen Rand von 1,5–2 cm frei. Salzstangen dann mittig in die Käsesticks eindrücken.

MONSTERKÜSSE

Alle in einer Reihe aufstellen und bitte lächeln. Mit dem Lächeln hat das zwar nicht immer geklappt, aber in die erste Reihe wollten alle.

Zutaten für 12 Stück:

12 Schaumküsse
20 Zuckeraugen
1 Tube Lebensmittelkleber
1 Tube weiße Zuckerschrift

Außerdem:

Mini-Hüte

1. Auf 10 Schaumküssen jeweils 2 Zuckeraugen mit Lebensmittelkleber fixieren.
2. Mit der weißen Zuckerschrift auf die restlichen 2 Schaumküsse Augen und auf alle unterschiedliche Münder malen.
3. Den Schaumküssen nach Belieben Mini-Hüte aufsetzen. Die gibt es in Bastelgeschäften oder online. Als spitze Hüte eignen sich auch Mini-Schultüten.

SPINNEN-ERDNUSSBUTTER-CRACKER

Alle Kinder lieben diese Spinnen. Wer keine Erdnussbutter mag, kann Frischkäse oder Marshmallowcreme in verschiedenen Geschmacksrichtungen nehmen.

Zutaten für 12 Stück:
24 runde Cracker
48 Salzstangen
13 TL Erdnussbutter
24 Rosinen

1. Die Cracker mit der Unterseite nach oben auf eine glatte Oberfläche legen und die Salzstangen in der Mitte halbieren.
2. ½ TL Erdnussbutter auf jeden Cracker geben. Nun jeweils 4 halbierte Salzstangen rechts und 4 halbierte Salzstangen links auf 12 Cracker verteilen und einen zweiten Cracker daraufsetzen (die Seite ohne Erdnussbutter nach oben).
3. Die Rosinen mit der Unterseite in die restliche Erdnussbutter dippen und auf der Oberseite der Cracker als Augen aufsetzen.

VAMPIRBRÖTCHEN

Diese Brötchen erinnern mich an tolle Vampirspiele aus der Kindheit.

Zutaten für 4 Stück:
4 Brötchen
4 Schaumküsse
2 EL Erdbeersoße
(siehe unten)

Außerdem:
4 Plastikvampirgebisse

1. Die Brötchen aufschneiden. Auf jede Unterseite 1 Schaumkuss setzen, die Brötchenoberseite auflegen und das Brötchen etwas zusammendrücken.
2. Die Vampirgebisse in die Brötchen drücken und die Erdbeersoße wie Blut auf den Zähnen verteilen.

ERDBEERSOSSE

Zutaten für 4 Portionen:
300 g Erdbeeren
25 g Zucker
½ Päckchen Vanillezucker
25 ml Wasser

Die Erdbeersoße kann auch ganz einfach selbst gemacht werden:

1. Erdbeeren waschen, abtropfen lassen, den Strunk herausschneiden und die Früchte halbieren. Mit Zucker und Vanillezucker in einen Topf geben. Wasser hinzufügen und alles 5 Minuten bei schwacher Hitze köcheln lassen.
2. Topf vom Herd nehmen und Erdbeeren mit dem Stabmixer pürieren. Erdbeersoße abkühlen lassen.

BLUTIGE BLÄTTERTEIGHÄNDE

Die blutigen Händchen sehen echt schaurig aus, schmecken einfach fantastisch und sind so schnell gemacht.

Zutaten für 20 Stück:
2 Rollen frischer Blätterteig
etwas Mehl
1 Ei
200 g Himbeer-Fruchtaufstrich

Außerdem:
1 Ausstechform »Hand« (ca. 8 cm)

1. Backofen auf 170 °C Umluft vorheizen und ein Backblech mit Backpapier auslegen.
2. Den Teig ausrollen und mit dem Ausstecher Hände ausstechen. Teigreste zusammenkneten, auf einer bemehlten Fläche ausrollen und weitere Hände ausstechen.
3. Hände mit etwas Abstand auf das Backblech legen (der Teig reicht für 2–3 Bleche), mit verquirltem Ei bestreichen und 10 Minuten im Ofen goldbraun backen.
4. Hände vollständig abkühlen lassen, dann mit einem scharfen Messer durchschneiden.
5. Den Fruchtaufstrich etwas verrühren und die Handunterseiten damit bestreichen. Die Oberseiten daraufsetzen.

GEISTERHIRN

Haben Geister eigentlich ein Gehirn? In meiner Halloween-Welt auf jeden Fall. Man sieht es ja schon herausquellen.

Zutaten für 10 Stück:
500 g fertiges Popcorn
150 g Mini-Marshmallows
50 g Butter

Außerdem:
10 kleine weiße Schachteln
1 schwarzer Stift

1. Popcorn in eine große Schüssel füllen.
2. Mini-Marshmallows und Butter in einen Topf geben und langsam bei niedriger Temperatur schmelzen.
3. Marshmallow-Masse über das Popcorn gießen. Mit den Händen vermengen und 10 unförmige Bälle aus der Masse formen. Am besten funktioniert das mit gebutterten Händen.
4. Auf kleine weiße Schachteln mit einem schwarzen Stift jeweils 1 Geistergesicht aufmalen. In jede Schachtel 1 Popcornball setzen.

TIPP:
Wer möchte, kann Zuckeraugen auf die Popcornbälle setzen. So werden aus Gespensterhirnen kleine Geister-Popcornbälle.

APFELMUMIEN

Nicht vergessen: »An apple a day keeps the monster away!«

Zutaten für 6 Stück:

etwas Öl
2 Granny-Smith-Äpfel
6 Cake-Pop-Stiele
100 g weiße Candy Melts
12 Zuckeraugen
Zuckerstreusel (optional)

1. Ein Backpapier mit etwas Öl einreiben.
2. Äpfel waschen, mit einem Ausstecher das Kerngehäuse entfernen und Äpfel in je 3 dicke Scheiben schneiden.
3. Die Cake-Pop-Stiele in das untere Ende jeder Apfelscheibe stecken. Apfelscheiben auf das Backpapier legen.
4. Candy Melts in eine Schüssel geben und langsam im heißen Wasserbad schmelzen. Mit einem Teelöffel die geschmolzene Masse auf den Apfelscheiben verteilen. Zuckeraugenpaare auflegen und Scheiben nach Belieben mit Zuckerstreuseln bestreuen. Dann gut trocknen lassen.

SCHMUTZIGE PFLASTER

Alle, die ihren Freunden einen gehörigen Schreck einjagen wollen, servieren als Snack einen Teller voll mit diesen blutigen Pflastern.

Zutaten für 20 Stück:
20 rechteckige Eiswaffeln
100 g Puderzucker
1 Spritzer Zitronensaft
1 EL Himbeer-Fruchtaufstrich

1. Eiswaffeln auf ein Backpapier verteilen.
2. Puderzucker und Zitronensaft in einer Schüssel zu einer dickflüssigen Glasur verrühren. Glasur in einen Spritzbeutel füllen und zuerst auf jede Waffel mittig ein Rechteck aufspritzen. Dann das Rechteck mit der Glasur füllen und vollständig trocknen lassen.
3. Mit einem Pinsel den Himbeer-Fruchtaufstrich als Blutfleck auf den weißen Rechtecken verteilen.

A-MONSTER-MERIKANER

Wenn an Halloween Überraschungsgäste eintrudeln, sind diese süßen Leckereien ruckzuck fertig. Die kleinen Amerikaner aus der Tiefkühltruhe kannst du schon im gefrorenen Zustand dekorieren, sie müssen dann nur noch bei Zimmertemperatur auftauen.

Zutaten für 24 Stück:
24 TK-Mini-Amerikaner (Amerikaner siehe unten)
Zuckerschrift in verschiedenen Farben (aus der Tube)

Amerikaner aus der Verpackung nehmen und mit der Zuckerschrift nach Belieben verzieren. Auftauen lassen und genießen.

Wer ein bisschen mehr Zeit hat, kann die Amerikaner auch selbst backen:

AMERIKANER

Zutaten für 24 Stück:
100 g weiche Butter
2 Eier
100 g Zucker
2 Päckchen Vanillezucker
8 EL Milch
250 g Mehl
2 TL Backpulver
250 g Puderzucker
4 EL Zitronensaft

1. Backofen auf 160 °C Umluft vorheizen und ein Backblech mit Backpapier auslegen.
2. Butter, Eier, Zucker, Vanillezucker und Milch in einer Schüssel mit dem Handrührgerät verrühren. Mehl und Backpulver mischen und unterrühren.
3. Mit 2 Teelöffeln 24 kleine Häufchen mit etwas Abstand auf das Backpapier setzen. Amerikaner ca. 15 Minuten im Ofen backen. Dann vollständig abkühlen lassen.
4. Puderzucker in einer Schüssel mit dem Zitronensaft verrühren und die glatte Seite der Mini-Amerikaner damit bestreichen.

HIRNSCHNECKEN

Jetzt wird es richtig blutig. Aber noch nie war Gehirn so lecker …

Zutaten für 6 Portionen:

etwas Fett für die Form
3 Dosen frische Zimtschnecken zum Aufbacken
250 g Puderzucker
5–6 TL Zitronensaft
100 g Erdbeer-Fruchtaufstrich

1. Backofen auf 180 °C Umluft vorheizen und eine Auflaufform (ca. 20 x 30 cm) etwas einfetten.
2. Die Dosen mit dem Zimtschneckenteig öffnen und den Teig entnehmen.
3. Teig aufrollen und jeweils in 3 Längsstreifen schneiden. Jeden Teigstreifen geschlängelt als Gehirnmasse in die Form legen.
4. Teig im Ofen 11–14 Minuten goldbraun backen. Aus dem Ofen nehmen und in der Form etwa 6 Minuten abkühlen lassen.
5. Puderzucker in eine Schüssel geben und mit dem Zitronensaft zu einer Glasur rühren. Fruchtaufstrich unterrühren und Glasur auf dem noch warmen Gehirn verteilen und einziehen lassen.

TRAUBENSCHLANGEN

Natürlich darf auch Obst an Halloween nicht fehlen, obwohl ich munkeln gehört habe, dass Süßigkeiten viel beliebter sind. Aber wer kann einer Traubenschlange oder einem Frankenstein-Apfel schon widerstehen?

Zutat für 4 Schlangen:
250 g kernlose Weintrauben

Außerdem:
4 Holzspieße
8 Klebeaugen

Weintrauben waschen, abtrocknen und auf die Spieße verteilen. Jeweils 1 Augenpaar aufkleben.

TIPP:
Wer noch schnell einen Frankenstein-Apfel machen möchte, malt einfach ein Frankenstein-Gesicht auf eine kleine durchsichtige Geschenktüte und verpackt den Apfel darin.

GEISTERSCHOKOLADE

Die kleinen Schokoladengeister eignen sich auch perfekt als Dekoration für Desserts oder für die Umrandung einer Torte.

Zutaten für 250 g:
etwas Fett für das Backpapier
250 g weiße Kuvertüre
Zuckeraugen

1. Backpapier auslegen und leicht einfetten, damit die Geister später nicht haften bleiben.
2. Die Kuvertüre grob zerhacken, in eine Schüssel geben und im heißen Wasserbad schmelzen. Pro Geist je nach gewünschter Größe 1–2 TL geschmolzene Kuvertüre auf das Backpapier träufeln und mit dem Löffel den Geisterkörper formen.
3. Zuckeraugenpaare auflegen und Schokolade fest werden lassen.

TIPP:
Durch Zugabe von etwas weißer Lebensmittelfarbe wird der Gelbton der Kuvertüre abgeschwächt. Alternativ kann man auch weiße Candy Melts verwenden.

ZIGARETTENSTUMMEL

Wir alle wissen, dass Rauchen ziemlich ungesund ist. Und ich kann mir auch kaum etwas Unappetitlicheres vorstellen als einen Berg von Zigarettenstummeln auf dem Tisch, die zum Teil noch glühen.

Zutaten für 40 Stück:

1 Packung extradicke Salzstangen (125 g; z. B. Saltletts Maxi-Sticks)
100 g weiße Kuvertüre
20 g schwarze Zuckerstreusel
1 TL Himbeer-Fruchtaufstrich

1. Salzstangen halbieren oder dritteln, sodass es Stücke in verschiedenen Größen ergibt.
2. Kuvertüre grob zerhacken, in eine Schüssel geben und im heißen Wasserbad schmelzen. Die Salzstangenstücke ca. 2 cm tief in die Schokolade tauchen und auf einem Kuchengitter abtropfen lassen. Das Schokoladenende mit Zuckerstreuseln bestreuen und diese antrocknen lassen.
3. Den Fruchtaufstrich verrühren und ein paar Zigarettenstummel mit dem Schokoladenende kurz hineintauchen, um etwas Glut zu erzeugen.

HAPPY MONSTER

Das Auge isst ja immer mit. Und so werden Windbeutel zu kleinen, lustigen Monstern, die nur darauf warten, verspeist zu werden.

Zutaten für 20 Stück:
1 Packung TK-Sahne-Windbeutel (250 g)
250 g Puderzucker
orangefarbene und weiße Lebensmittelfarbe
20 g schwarze Zuckerstreusel
40 Zuckeraugen

1. Windbeutel aus der Verpackung nehmen und auf ein Kuchengitter stellen.
2. Puderzucker in einer Schüssel mit etwas Wasser zu einer dickflüssigen Glasur rühren. Die Hälfte der Glasur in eine zweite Schüssel geben und mit orangefarbener Lebensmittelfarbe einfärben. Den Farbton der weißen Glasur mit weißer Lebensmittelfarbe noch etwas verstärken.
3. Die Glasuren nach Belieben mit einem Teelöffel über die gefrorenen Windbeutel verteilen. Mit Zuckerstreuseln und Augenpaaren versehen.

GRUSELKEKSE

Schneller geht es kaum. Da gibt es keine Ausrede mehr – los geht´s mit den Geistergesichtern!

Zutaten für 20 Stück:
20 Oreo-White-Choc-Kekse
1 Tube schwarze Zuckerschrift

Die Kekse auf eine Platte legen und mit der Zuckerschrift Gesichter aufmalen. Falls nötig, mit einem Zahnstocher die Linien etwas korrigieren.

TIPP:
Wenn du keine Zuckerschrift zur Hand hast, kannst du etwas dunkle Schokolade schmelzen und dann in einen Spritzbeutel füllen.
Sollest du keine Kekse mit weißer Glasur bekommen, dann nimmst du einfach normale Kekse und überziehst sie mit flüssiger weißer Schokolade.

KEKSGEBISSE

Da nützt kein ängstliches Zähneklappern, denn du wirst bei diesen Keksen ganz sicher direkt zugreifen.

Zutaten für 10 Stück:
10 große Kekse
100 g Puderzucker
rote Lebensmittelfarbe
50 g Mini-Marshmallows

1. Die Kekse halbieren.
2. Puderzucker in einer Schüssel mit roter Lebensmittelfarbe und etwas Wasser zu einer dickflüssigen Glasur anrühren.
3. Beide Kekshälften mit etwas Glasur bestreichen. Eine Kekshälfte mit Marshmallows bestücken und die zweite Kekshälfte auflegen – fertig ist das Keksgebiss.

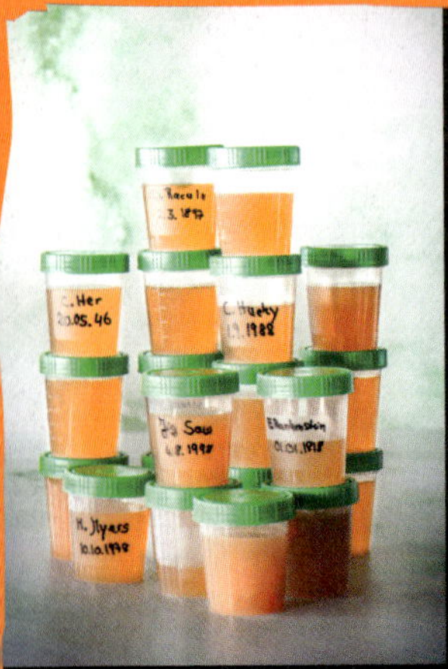

GETRÄNKE

Racula
3. 1897
C. Her
20.05.46
C. Hucky
1.9.1988
Jig Saw
4.8.1998
F. Rankenstein
01.01.1818
H. Myers
10.10.1978

YELLOW URIN-SHOTS

Einmal Urin bitte – aber keine Angst, die Urin-Shots schmecken eher nach Omas Apfelkuchen. Die Becher bekommst du ganz preiswert online. Wenn du willst, kannst du sie gleich mit den Namen deiner Gäste beschriften.

Zutaten für 1 l:
500 ml naturtrüber Apfelsaft
2 Zimtstangen
500 ml Wodka

1. Apfelsaft mit den Zimtstangen in einen Topf geben, aufkochen und dann abkühlen lassen.
2. Wodka zugeben, vermengen und Mischung über Nacht ziehen lassen. Am nächsten Tag durch ein Sieb abseihen und in Shot-Gläser oder Urinbecher füllen.

HEIẞER KAKAO MIT GEISTER-MARSHMALLOWS

Zu Halloween kann es schon mal windig und kalt werden. Da darf der heiße Kakao natürlich nicht fehlen, aber die Halloween-Optik muss stimmen!

Zutaten für 4 Portionen:

1 schwarzer Lebensmittelstift
50 g Mini-Marshmallows
1 l Milch
250 g Zartbitterschokolade
125 g Sahne
1 Prise Salz
1 EL brauner Zucker

1. Mit dem Lebensmittelstift den Mini-Marshmallows Gesichter aufmalen.
2. Die Milch in einem Topf erwärmen. Die Schokolade grob hacken, in die Milch geben und unter Rühren vollständig auflösen.
3. Währenddessen die Sahne in einer Schüssel mit dem Handrührgerät steif schlagen.
4. Die heiße Schokolade mit einer Prise Salz und Zucker würzen. In 4 Tassen gießen, die Sahne darauf ver-teilen und kurz unterrühren. Jede Tasse mit Mini-Marshmallows garnieren.

GEISTER-KOKOS-COCKTAIL

Mit den beklebten Flaschen wird jeder weiße Cocktail zum Halloween-Drink. Für Kinder einfach Milch in die Flaschen gießen.

Zutaten für ca. 260 ml:
100 ml Vanille-Wodka
160 ml Coconut Cream
1 TL weiße Crème de Cacao

Alle Zutaten in einem Krug oder Shaker vermengen und in Cocktailgläser oder Flaschen gießen. Am besten mit Eiswürfeln servieren.

TIPP:
Um die Geisterflaschen zu machen, benötigst du nur etwas schwarzes Klebeband, um daraus Augen und Mund auszuschneiden. Die klebst du dann auf die Flaschen (oder Cocktailgläser) – fertig!

DRACULA-DRINK

Der walachische Fürst Vlad III. Drăculea wäre mit Sicherheit begeistert von dem »Bloody Martini«.

Zutaten für 1 Portion:

1 TL rotes Limonadenkonzentrat (oder 1 TL Glukosesirup verrührt mit 1 Tropfen roter Lebensmittelfarbe)
1 Limette
60 ml Wodka
20 ml Grand Marnier
30 ml Cranberrysaft

Außerdem:

1 Plastikvampirgebiss

1. Das Martiniglas mit dem Limonadenkonzentrat oder dem eingefärbten Glukosesirup so dekorieren, dass es aussieht, als würde Blut vom Rand tropfen.
2. Limette auspressen, den Saft mit Wodka, Grand Marnier und Cranberrysaft in einen Cocktailshaker geben und kräftig schütteln. In ein Martiniglas gießen und mit dem Vampirgebiss servieren.

DISCARD

BLUTENTNAHME-SHOTS

Wenn alle Monster und anderen schauerlichen Gestalten zum Blutabnehmen müssen, gibt es jede Menge Spritzen mit dem leckersten und gruseligsten Blut für die Halloween-Party.

Zutaten für 2,25 l:

3 Blatt Gelatine
1½ l roter Traubensaft
500 ml weißer Rum
250 ml Tequila
3 EL Zucker

1. Gelatine in einer Schüssel mit kaltem Wasser einweichen.
2. Traubensaft, Rum und Tequila in einem Krug verrühren und mit Zucker abschmecken.
3. Die Gelatine ausdrücken und mit 2 EL Wasser in einem Topf leicht erwärmen, bis sie sich vollständig aufgelöst hat. Dann unter die Traubensaftmischung rühren, bis diese etwas dickflüssiger (wie Blut) wird.
4. Als Shots in Gläser füllen oder in Spritzen aufziehen.

Name
Age
Blood Type Energy supply
A
B
O
AB

BLUTTRANSFUSION

Blutarmut? Kein Problem, dafür gibt es die auf Eis gelegten Transfusionen.

Zutaten für 1 Portion:
60 ml Cranberrysaft
25 ml Limettensaft
40 ml Dry Gin
30 ml Rosmarinsirup (siehe unten)
120 ml Sodawasser

1. Cranberry- und Limettensaft vermengen. Gin und Rosmarinsirup zugeben und verrühren.
2. Mit Sodawasser auffüllen.

ROSMARINSIRUP

Zutaten für 250 ml:
220 g Zucker
250 ml Wasser
1 Zweig frischer Rosmarin

1. Zucker und Wasser in einen Topf geben, verrühren und zum Kochen bringen.
2. Temperatur etwas reduzieren und Mischung köcheln lassen, bis sich der Zucker vollständig aufgelöst hat.
3. Rosmarinzweig waschen, zugeben und Mischung ziehen lassen, bis sie vollständig abgekühlt ist. Den Rosmarinzweig entfernen und Sirup in eine Flasche füllen. Im Kühlschrank aufbewahren.

SCHLAMMBOWLE MIT FRÖSCHEN

Da schwimmen so viele Frösche im Schlamm, da darf man schon einmal einen herausnehmen und küssen. Ob zu Halloween aber ein Prinz aus dem Frosch entsteht, das bleibt ein Geheimnis.

Zutaten für ca. 2,5 l:
750 ml trockener Weißwein
750 ml trockener Sekt
150 ml Waldmeistersirup
essbare Fruchtgummifrösche und -würmer nach Belieben
1 l Vanilleeis

1. Weißwein und Sekt in einen großen Bowlebehälter oder mehrere Karaffen füllen. Waldmeistersirup zugeben und verrühren. Einige essbare Fruchtgummitiere untermischen.
2. Vor dem Servieren das Vanilleeis in den Behälter löffeln, ganz leicht unterrühren und ruhig etwas antauen lassen, um den Schlammeffekt zu erzielen. Mit essbaren Tieren aus Fruchtgummi nach Belieben dekorieren.

TIPP:
Wer die Bowle alkoholfrei haben möchte, ersetzt den Weißwein und den Sekt durch hellen Traubensaft.

AUGEN-JOHANNISBEER-BOWLE

Eine alkoholfreie Bowle für Kinder darf an Halloween natürlich auch nicht fehlen. Die Erwachsenen können das Mineralwasser aber gerne durch Sekt ersetzen.

Zutaten für 6 große Gläser:
125 g große Heidelbeeren
1 Dose Litschi (Abtropfgewicht 225 g)
1 l schwarzer Johannisbeersaft
500 ml Mineralwasser mit Kohlensäure

Außerdem:
6 Holzspieße

1. Heidelbeeren waschen und trocken tupfen.
2. Litschis abtropfen lassen, den Saft dabei auffangen und in jede Litschi 1 Heidelbeere stecken. Die Litschis auf die Spieße verteilen.
3. Litschisaft und Johannisbeersaft in ein großes Bowlegefäß füllen und kalt stellen.
4. Vor dem Servieren mit gekühltem Mineralwasser aufgießen.
5. Zum Servieren den Saft in Gläser füllen und mit den Litschi-Spießen garnieren.

TEUFELSHORN

Klar, dass auch der Teufel während Halloween eine Rolle spielt. Auch wenn er zwischen Geistern und Kürbissen eher untergeht, macht er als Teufelshorn-Drink doch eine gute Figur.

Zutaten für 1 Portion:

Eiswürfel
60 ml Tequila
30 ml Maracujasaft
15 ml Zitronensaft
15 ml Agavensirup
2 Mini-Paprikaschoten

1. Eiswürfel in ein Martiniglas geben. Tequila, Maracujasaft, Zitronensaft und Agavensirup in einen Cocktailshaker geben und kräftig schütteln. In das Cocktailglas gießen.
2. Die Paprikaschoten waschen, mittig am unteren Ende einschneiden und als Dekoration auf die Martinigläser stecken.

KAKAO-SPINNEN

Ein heißer Kakao ist doch was Feines, den kann dir auch diese dicke Spinne nicht verderben.

Zutaten für 1 Portion:

50 g weiße Schokolade (oder weiße Candy Melts)
etwas Fett für das Backpapier
8 Salzstangen
1 großer Marshmallow
2 Zuckeraugen
250 ml Milch
1 EL ungesüßtes Kakaopulver
1 TL Zucker

1. Weiße Schokolade oder Candy Melts in eine Schüssel geben und im heißen Wasserbad schmelzen.
2. Ein Backpapier auslegen und etwas einfetten.
3. Die Salzstangen komplett in die weiße Schokolade tauchen, etwas abtropfen lassen und je 4 Stück pro Seite als Beine auf das Backblech legen, sodass sich alle Salzstangen in der Mitte treffen. Zum Verbinden in die Mitte ½ TL geschmolzene Schokolade setzen.
4. Marshmallow zur Hälfte in die weiße Schokolade tauchen und in die Mitte der Beine setzen. Die Zuckeraugen auflegen und die Schokolade fest werden lassen.
5. Milch, Kakaopulver und Zucker in einem Topf mit einem Schneebesen verrühren, anschließend kurz aufkochen lassen.
6. Kakao in eine Tasse füllen und mit der Spinne toppen.

TRANK DER TEUFEL

Was schwimmt denn da im Glas? Sieht fast aus wie rote Blutkörperchen ...

Zutaten für 4 Gläser:

500 ml Orangensaft
rote Lebensmittelfarbe
200 ml Ginger Ale
300 ml Apfelsaft
1 Glas Kaiserkirschen
(Abtropfgewicht 385 g)
Eiswürfel

1. Orangensaft in einen Krug geben und mit roter Lebensmittelfarbe färben. Ginger Ale und Apfelsaft dazugießen.
2. Die Kaiserkirschen abtropfen lassen und mit Eiswürfeln nach Belieben in 4 Gläser füllen. Mit der Orangensaftmischung auffüllen.

DANK

Danke an den Verlag und meine Lektorin, die diese tolle Idee für ein Halloween-Kochbuch hatten und mich gefragt haben. Ich hätte sonst vielleicht nie herausgefunden, wie viel Spaß es macht, zu Halloween so lustige und schaurige Dinge zu produzieren. Ich hätte noch Wochen weiter experimentieren, Zuckeraugen aufkleben und mit Filzstift überall Gesichter aufmalen können. Danke auch an Philip Frederick (meine Französische Bulldogge), den ich während der Produktion des Buches als Welpen bekommen habe und der sich mit mir beim Fotoshooting oft ein Wettrennen geliefert hat. Denn er fand es großartig, mit all den Gummihänden und Gummispinnen zu spielen.

Danke an Jens, Sandra, Sven, Uwe und all die Menschen, die mir auf Instagram und Facebook folgen und jeden Tag so tolles Feedback geben.

HINWEIS: Für das Buch sind keine Vampire, Monster oder Geister zu Schaden gekommen.

Bibliografische Information der Deutschen Nationalbibliothek
Die Deutsche Nationalbibliothek verzeichnet diese Publikation in der Deutschen Nationalbibliografie.
Detaillierte bibliografische Daten sind im Internet über http://d-nb.de abrufbar.

Für Fragen und Anregungen
info@rivaverlag.de

Originalausgabe
1. Auflage 2020

Nymphenburger Straße 86
D-80636 München
Tel.: 089 651285-0
Fax: 089 652096

Redaktion: Caroline Kazianka
Umschlaggestaltung: Isabella Dorsch
Umschlagabbildung und Abbildungen im Innenteil: Patrick Rosenthal
Layout und Satz: Müjde Puzziferri, MP Medien, München
Druck: Florjancic Tisk d.o.o., Slowenien
Printed in the EU

ISBN Print 978-3-7423-1383-6
ISBN E-Book (PDF) 978-3-7453-1084-9
ISBN E-Book (EPUB, Mobi) 978-3-7453-1085-6

Weitere Informationen zum Verlag finden Sie unter

www.rivaverlag.de

Beachten Sie auch unsere weiteren Verlage unter www.m-vg.de